LE

Journal Chrétien

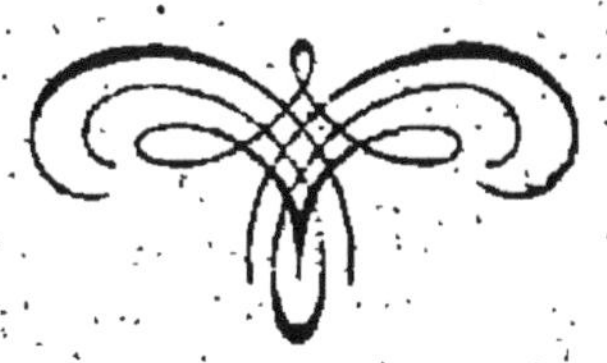

LE
Journal Chrétien

IMPRIMATUR.

Atrebati, in Festo S. Joseph, die 19 Martii 1896.

Z. Liénard, Vic. Gen.

AVERTISSEMENT

Ceci ne contient que des questions et pas de solutions ; quelques questions et pas toutes les questions. Ce n'est pas un travail fait, c'est l'indication d'un travail à faire.

La seule utilité qui se trouve ici, c'est de soulever des idées et d'en indiquer l'enchaînement. Le journaliste chercheur y trouvera des points de repère et des jalons indicateurs.

Il y a le plus de choses et le moins de mots possible. Un seul mot, substantif, épithète ou verbe, recouvre toute une série de questions.

Le Journal Chrétien

PRINCIPES FONDAMENTAUX

1º L'idée du Journal.

Le journal est devenu une nécessité. Est-ce un bien ou un mal ? C'est un fait et le fait s'impose.

Qu'est-ce qu'un journal ? — C'est un semeur d'idées : terrible semeur qui s'en va partout jetant sa semence, bonne ou mauvaise. Il y en a tant semant la mauvaise ; n'en faut-il pas pour semer la bonne ?

Il faut semer des idées ; car l'homme ne vit que par l'idée et il est finalement ce que le font les idées.

Pour semer des idées, il faut en avoir — et pour avoir des idées, il faut surtout avoir *une* idée.

Qu'est-ce que l'idée du journal ?

A l'heure présente deux idées se partagent le monde, l'idée révolutionnaire et l'idée chrétienne. Le choc de ces deux idées explique tous les mouvements humains.

Le journal, qui veut défendre l'une et combattre l'autre, doit les connaître à fond toutes deux, afin de ne pas s'exposer au malheur trop commun de frapper sur ce qu'il croit défendre et de soutenir ce qu'il pense combattre. L'important, ce n'est pas de batailler et de frapper : il faut lutter sur le bon terrain et frapper les bons coups.

2° L'IDÉE CHRÉTIENNE.

Qu'est-ce que l'idée chrétienne?

L'idée chrétienne, c'est l'union du divin et de l'humain, l'union de l'homme à Dieu, à la suite et à l'image de Jésus-Christ, qui est l'Homme-Dieu. Unir l'homme à Dieu, tout l'homme à Dieu, c'est le but du christianisme.

Et comment unir l'homme à Dieu ? — Par le perfectionnement de tout ce qui est en lui. C'est en se développant, en s'agrandissant, que l'homme s'élève à la hauteur de l'union divine. Par conséquent tout ce qui développe un intérêt quelconque de la vie humaine en vue de Dieu est un travail chrétien.

Le journal, qui veut être chrétien, doit donc travailler au développement des intérêts, de tous les intérêts de la vie humaine, en vue d'élever l'homme à l'union divine. Dans toutes les colonnes de ses quatre pages, il ne doit faire que ce travail et ne viser qu'à ce but. Articles de doctrine et de chronique, annonces et réclames, tout doit être calculé, combiné et utilisé en ce sens : développement de l'homme, union à Dieu.

3º L'idée révolutionnaire.

Qu'est-ce que l'idée révolutionnaire ?

C'est l'individualisme humain en lutte contre Dieu. Séparation du divin, individualisme humain, voilà la révolution.

La révolution ne veut pas de Dieu, elle ne souffre l'intervention d'aucun élément divin dans le mouvement humain.

Ensuite la révolution ne connaît que des individualités, isolément égales, ayant seules des droits en elles-mêmes. Pour elle il n'y a ni droit divin, ni droit familial, ni droit collectif quelconque, il n'y a que des droits humains individuels, que les individus peuvent mettre en commun ou séparer suivant leur bon plaisir.

Voilà la vraie semence révolutionnaire, et celui qui en a l'intelligence, comprend et voit comment tous les maux déversés sur nous par la révolution naissent de là.

A l'heure présente, le socialisme grandissant est l'extrême opposé à l'individualisme révolutionnaire, engendré par lui et destiné à le tuer.

L'occultisme naissant est l'extrême opposé à l'athéisme révolutionnaire, engendré par lui et destiné à le tuer.

Un journal chrétien doit savoir faire tuer ces idées les unes par les autres, afin de donner le profit de la bataille à l'idée chrétienne.

4° La vie du Journal.

Semer l'idée chrétienne, détruire l'idée révolutionnaire, tout cela, rien que cela, voilà la ligne de conduite unique et complète. Là est à la fois le but, le programme, le travail du journal chrétien.

Il doit porter la vie — et pour porter la vie, il faut qu'il l'ait — et pour l'avoir, il a besoin de deux choses : une rédaction et une administration ; de même que l'homme pour vivre, a besoin d'une âme et d'un corps. La rédaction est l'âme du journal, l'administration en est le corps. L'union des deux fait la vie : impossible de vivre à moins.

I.

LA RÉDACTION.

Par rédaction j'entends ce qui fait l'esprit, l'idée, la conception même du journal. C'est la mise en œuvre de ses idées, et surtout de SON idée. L'idée chrétienne, inspirant, dirigeant, coordonnant les idées très multiples et très diverses, qui importent au développement de la vie humaine sous toutes ses formes et dans toutes ses conditions, voilà ce qui constitue proprement et essentiellement la rédaction du journal.

La rédaction ne consiste pas seulement à remuer des idées, elle consiste surtout à les lier. C'est le côté spirituel de la vie du journal. Il comprend lui-même deux choses : la substance et la forme.

A. — *LA SUBSTANCE.*

La substance d'abord. Ce sont les principes qui régissent le développement de la vie humaine. Car il y a des principes immuables présidant au mouvement de la vie.

La vie a un but, une organisation, un fonctionnement : un but vers lequel elle tend, une organisation qui l'aide à y tendre, un fonctionnement par lequel elle y tend. Et ces trois choses ont leurs lois : lois du but, lois de l'organisation, lois du fonctionnement ; ce sont les *lois* de la vie.

En regard du but, la vie a des besoins ; dans son organisation, il se crée des institutions ; dans son fonctionnement, il se produit des événements. Besoins, institutions, événements, ce sont les *faits* de la vie.

Si les *faits* sont conformes aux *lois,* la vie est parfaite ; s'ils s'en écartent, la vie est lésée.

Que doit faire le journal ? Étudier les faits de la vie pour voir s'ils sont conformes aux lois de la vie : c'est-à-dire étudier les besoins, les institutions et les événements, afin de les rendre conformes au but, à l'organisation et au fonctionnement providentiels de la vie humaine. Les principes sont la lumière des faits. Ramener le fait des besoins aux lois du but, le fait des institutions aux lois de l'organisation, le fait des événements aux lois du fonctionnement, c'est la substance même du travail du journaliste. C'est ainsi qu'il doit avoir l'intelligence des besoins, des institutions et des événements, c'est-à-dire, l'intelligence de la vie.

1. Intelligence des besoins.

L'homme n'a de besoins que dans la mesure du but à atteindre : le but poursuivi rend compte des besoins de la poursuite.

Il y a dans le mouvement humain des besoins qui s'égarent et qui égarent, ils sont à réprimer ; il y a des besoins qui sont en souffrance, il faut les secourir ; il y a des besoins qui dorment, et qu'il faut réveiller. Le journal doit savoir et dire lesquels ?...

Besoins de l'individu et besoins de la société ; car la vie individuelle a ses besoins, et la vie sociale a les siens.

Besoins naturels et besoins surnaturels, car le chrétien a ces deux vies.

a) Besoins de la vie individuelle :

Besoins intellectuels, moraux et physiques ; car l'homme est esprit, cœur et sens ; et pour vivre, il doit développer son esprit, son cœur et son corps. La vie est le développement de l'être ; la vie humaine est donc le développement des facultés de l'esprit, du cœur et du corps de l'homme.

Développement de l'esprit par l'instruction, du cœur par l'éducation, du corps par l'entre

tien. Donc besoins intellectuels de l'instruction, moraux de l'éducation, physiques de
l'entretien.

Instruction. Connaissances à écarter, à donner ou à développer sous tous les rapports
utiles à l'homme, à la femme, à l'enfant.

Éducation. Destruction des vices... Forma-
tion du caractère : virilité, droiture... For-
mation des vertus morales dans le cœur : pro-
bité, honneur, tempérance, justice, dévouement,
etc., etc.

Entretien. Habitudes délétères à réformer
dans le régime de l'habitation, du travail, de
l'habillement, de la nourriture, de la boisson,
etc. Habitudes plus saines à développer ou à
créer : questions nombreuses d'hygiène, de mé-
decine, d'ordre, d'épargne, de travail, etc.

b) Besoins de la vie sociale :

Besoins de la famille, de la commune, de la
contrée, de la nation, des nations. Chaque grou-
pe a ses besoins propres. Besoins intellectuels,
moraux et matériels.

Les intérêts sociaux de la famille, de la commune, de la contrée, de la nation, des nations,
soulèvent la multitude infinie des questions
domestiques, communales, politiques, civiles,
agricoles, commerciales, industrielles, juridi-

ques, militaires, financières, sociales, internationales, scientifiques, littéraires, artistiques, etc. Ce sont toutes les questions d'économie sociale, politique ou civile.

c) Besoins de la vie surnaturelle :

Ici se soulèvent toutes les questions de la vie religieuse.

Besoins individuels de l'instruction et de l'éducation chrétiennes.

Besoins sociaux de la famille, de la paroisse, du diocèse, de l'Église, des Ordres religieux, sous le triple rapport intellectuel, moral et matériel.

Que de questions théologiques, canoniques, ascétiques, mystiques, liturgiques !

Et le journal doit être ouvert à toutes, s'il veut répondre aux besoins.

d) Comment on acquiert l'intelligence des besoins :

L'intelligence des besoins suppose deux choses :

1º Une observation aussi exacte que possible des besoins réels, actuels, positifs de la population à laquelle on s'adresse. Autrement dit, connaissance approfondie de la situation présente. Il faut être observateur sagace et pratique.

2º Une connaissance solide, fondamentale, du but de la vie humaine et des lois de son développement naturel et surnaturel. But de l'individu, but de la société : lois de l'individu et lois de la société.

Et ces deux choses se tiennent. Si vous ne connaissez pas les besoins, vous parlez en l'air au peuple de choses qui ne l'intéressent pas, parce qu'elles ne le regardent pas. Et si vous ne connaissez pas le but et les lois divines qui y président, vous êtes totalement incapable de redresser, de satisfaire ou d'exciter à propos ses besoins.

2. L'INTELLIGENCE DES INSTITUTIONS.

Dieu n'a pas seulement assigné un but à la vie humaine, il lui a aussi fixé une organisation. C'est pourquoi la vie n'a pas seulement des besoins, elle a aussi des institutions. Les lois de son organisation sont le droit, fixé par Dieu ; l'existence des institutions sont le fait, développé par l'homme.

Pour avoir l'intelligence des institutions, le journaliste doit connaître le droit et le fait et contrôler l'un par l'autre.

Il y a à connaître les institutions du passé, du présent et de l'avenir. Car le journaliste est obligé, dans une mesure qui lui est propre, d'être l'interprète du passé, le docteur du présent et le prophète de l'avenir. C'est une rude tâche ; mais il ne fera guère de bien à moins. Et s'il ne sent rien en lui pour la remplir, il ne doit pas entreprendre de parler au public sur une si grande échelle.

a) Interprète du passé :

Il est bon de savoir éclairer le présent par le passé. Le passé contient des institutions pleines d'enseignements : il faut être à même de les comprendre et de les apprécier. Le sens historique est une chose trop rare.

Il y a l'histoire générale et l'histoire locale.

De l'histoire générale, rappeler ce qui est à la portée du public auquel on s'adresse et qui peut contenir un enseignement utile à sa situation présente. Bien comprise et rappelée à propos, l'histoire sacrée et profane peut devenir extrêmement intéressante pour la cause du journal.

L'histoire locale renferme :

1º Une partie proprement historique : celle qui est du domaine de l'histoire générale. Il y a un grand intérêt à renseigner largement et solidement les populations sur la part prise par leur pays dans l'histoire. On fait ainsi œuvre utile et agréable.

2° Une partie privée mais documentaire encore ; telles sont les archives des paroisses, des communes, des familles, des notaires, etc. Que de richesses on peut tirer de ces trésors !

3° Une partie purement traditionnelle. Ce sont les usages locaux, ayant trait au régime de la propriété, du travail, de l'habitation, du vêtement, de l'alimentation ; usages religieux et civils des relations, fêtes, jeux, contrats, naissances, mariages, enterrements, rivalités locales, inimitiés, alliances ; traditions, souvenirs, légendes, contes populaires, dictons, locutions, proverbes, surnoms, etc.

Il n'y a pas de famille, de village, de commune, de pays, qui n'ait ainsi un patrimoine tout à fait propre et qui donne au vif le tour de son caractère et les traits de sa physionomie. Ce qui fait qu'une famille, une localité se distinguent des autres, ce sont ces traits exclusivement locaux.

Et on est si fier de porter tel nom, d'être de tel endroit. Rien ne flatte les populations comme de leur rappeler ces traits, d'en donner le sens, d'en faire saisir la portée. Il y a là une mine inépuisable, que l'on néglige trop et dont on peut tirer des merveilles. Le journal qui saurait l'exploiter acquerrait vite une popularité considérable.

Pour les usages domestiques, en faire voir la portée et le sens social ou économique ; pour les usages religieux, en montrer le sens liturgique et canonique ; pour les usages civils, en retracer la signification juridique, etc.

b) Docteur du présent.

Il y a dans le présent des institutions fausses à renverser ; il y en a de faussées à redresser ; il y en a de bonnes à soutenir. Il importe de savoir lesquelles.

1° *Institutions fausses à renverser.*

Dans l'ordre public. Le monopole universitaire, dont les méthodes et les programmes faussent l'instruction ; la centralisation administrative, qui tue la vie locale, engendre le fonctionnarisme et la bureaucratie avec toutes leurs plaies ; l'irresponsabilité gouvernementale, cause de l'instabilité, de la corruption et du gâchis ; l'athéisme de la législation, source des luttes sectaires et de la démoralisation ; l'individualisme du code, agent dissolvant de toute société ; la tyrannie industrielle, cause du socialisme ; l'exploitation financière, destructive de la richesse et du travail ; la franc-maçonnerie, ennemie née du christianisme, etc.

Dans l'ordre privé. Certains établissements

démoralisateurs, certaines fêtes, concours, associations, etc.

2° *Institutions faussées à redresser.*

Dans nos institutions catholiques, que d'organisations conçues de travers !

Ainsi dans l'ordre domestique, nous créons une multitude d'œuvres, qui assument trop sur elles-mêmes la responsabilité et déchargent indûment les personnes naturellement responsables de par Dieu. Il y a de ce mal dans les crèches, asiles, ouvroirs, orphelinats, patronages, écoles, cercles, hôpitaux, etc. Quand elles facilitent et fortifient la responsabilité familiale, ces œuvres sont bonnes ; quand elles la déplacent, elles deviennent mauvaises. Il y a là de grandes questions à étudier.

Dans nos œuvres d'éducation primaire, secondaire, supérieure, que de conditions ne répondent pas aux nécessités du présent et surtout de l'avenir !

L'organisation trop universitaire et par conséquent négative, sous prétexte d'arriver à des diplômes ; la surcharge des programmes, qui divise et écrase l'intelligence ; le manque de substance chrétienne, qui laisse le cœur vide et désorienté ; la rigidité bureaucratique de la discipline, qui étouffe et comprime l'esprit d'initiative ; la suspicion de la surveillance, qui entraîne l'esprit écolier ; l'exclusivisme littéraire, qui ne laisse pas assez de place à la vie pratique et nous donne des rhéteurs ; etc., etc.

C'est dans ces réformes à faire chez nous qu'il faut voir clair, afin de parler à propos, de suggérer prudemment les réformes, de ne pas louer les abus, et de ne pas piétiner sur place ou reculer en continuant à nous applaudir nous-mêmes.

3° *Institutions bonnes à soutenir.*

Il y a les institutions que nous a léguées le passé et dont vit le présent : institutions communales, paroissiales, diocésaines, etc. Le journaliste doit se défier de l'esprit de nouveauté, qui porte trop facilement à briser ce qu'il appelle les vieilleries. Il faut peu briser, bien redresser et conserver le plus possible.

Il y a des institutions qui s'essaient, qui cherchent leur voie, qui répondent à des nécessités profondes. Tels sont les essais corporatifs, syndicats, sociétés de coopération, d'épargne, etc. Il y a là une matière d'étude sérieuse.

c) *Prophète de l'avenir.*

Le journaliste doit toujours être en avant, puisqu'il prétend éclairer la marche. Il lui appartient en partie de préparer l'avenir, et pour le préparer, il faut le comprendre.

Il faut par conséquent savoir où en est l'humanité et où elle va, où en est en particulier le peuple à qui on parle, et où il va.

Faute de certaines intuitions divinatrices, on se met en travers d'un courant vital, qui finit par vous briser et vous emporter, après que vous aurez fait beaucoup de mal en croyant faire du bien. Ou par contre on se laisse emporter à certains entraînements momentanés et superficiels, qui ne sont que des mouvements égarés.

Il faut avoir l'œil sur l'avenir.

Avenir religieux, social, politique, industriel, agricole, etc., etc. Avenir général de la société et des sociétés : avenir particulier du pays, de la localité, de telle industrie, de tel travail, de telle exploitation, etc.; avenir prochain, avenir lointain, etc.

Avenir des idées, des efforts et des essais; avenir du bien et du mal, etc.

En bien comme en mal, ce qui ne répond pas à une nécessité vitale ne dure pas. Que de choses belles et bonnes en apparence, passent comme la fumée! Que de choses mauvaises et menaçantes s'évanouissent avec le bruit qu'elles soulèvent!

Si vous ne savez pas distinguer entre ce qui doit vivre et ce qui doit mourir, vous ne saurez ni affirmer ni nier, ni construire ni renverser, ni avancer ni lutter.

Heureux celui qui dans le présent sait discerner les semences de l'avenir. Et pour y voir clair, il faut savoir étudier les effets dans leurs causes. Étant données à l'heure actuelle telles causes, nous arriverons à tels résultats. Ou bien : Tels symptômes se produisent, ils proviennent de telle cause et ils aboutiront à tels effets. Ou encore : Tel résultat est nécessaire, posons donc telle cause.

Tels sont les raisonnements prophétiques du journaliste.

Raisonnements d'intuition plus que de déduction.

C'est ainsi qu'il faut se rendre compte des réformes à faire et des progrès à réaliser sur la multitude des questions de travail, d'impôt, de douane, de législation, de relations internationales, d'organisation judiciaire, administrative, commerciale, religieuse, etc., etc.

d) Comment on acquiert l'intelligence des institutions.

Pour avoir l'intelligence des institutions du passé, du présent et de l'avenir, il faut : 1º savoir à fond quelles sont, au moins dans leur substance première, les lois divines de l'organisation humaine dans la famille, dans la profession, dans l'État et dans l'Église.

2° Sans cesse examiner le fait humain à la lumière de ces lois divines, afin de confirmer ce qui y est conforme et d'écarter ce qui s'en écarte.

Il y a souvent chez nos adversaires des choses très conformes et chez nous des choses très contraires au plan divin.

Et il arrive trop souvent que, faute d'intelligence, on frappe sur les institutions bonnes, par le seul fait qu'elles sont de l'adversaire; et que l'on défend des institutions véreuses, par la seule raison qu'elles sont de nous. On lutte pour des faussetés, et on lutte contre des vérités, et on se rend ridicule, et on perd un double profit. Car si nous comprenions, nous laisserions notre adversaire secouer notre mal et nous apporter son bien. Toutes les fois que le bien SAIT, il force le mal à travailler à son profit. Cela ne vaut-il pas mieux que de lutter de travers ? Hélas ! trois fois hélas ! que de luttes inintelligentes !

3. L'INTELLIGENCE DES ÉVÉNEMENTS.

La vie marche, c'est dans son essence ; elle

s'affirme chaque jour dans les événements qui sont le fait de son développement.

Les mouvements des astres, des éléments, des plantes, des animaux et des hommes poursuivent leur cours ininterrompu, s'enchevêtrant, se combinant, s'entraînant.

Quel écheveau à débrouiller! que d'énigmes à déchiffrer !

C'est ici surtout qu'il est nécessaire d'avoir l'intelligence, et de ne pas perdre la boussole ; car il y a des écueils à éviter et une ligne à suivre.

a) Écueils à éviter.

Le plus grand, c'est la manie du nouvellisme. J'entends par là la déplorable habitude, prise par le journalisme, de fournir dans la plus large mesure et avec la plus fiévreuse rapidité les nouvelles de toutes sortes, dans le seul but de satisfaire la curiosité et d'entretenir des émotions.

De là trois grands maux.

1º On habitue l'esprit du lecteur à la bagatelle, on le ravale, on l'étiole ; il devient incapable de jugement, de réflexion et de bon sens, inapte à la vérité, uniquement avide du fait divers. Il perd le sens de la vie. C'est la mort de l'intelligence publique.

2⁰ On atrophie le cœur en l'habituant à ne vivre que d'émotions. Le peuple a besoin du journal, comme l'estomac malade a besoin d'épices. Plus il contient de nouvelles à sensations, plus il est beau. Cela tourne au roman. Quand le lecteur a digéré l'émotion des faits divers racontés, il attend avec impatience les émotions du journal suivant. Le succès de beaucoup de feuilles est dû à cette cause. Malheur au journal qui contente les goûts dépravés pour emplir sa caisse !

3⁰ On avilit les caractères et on détruit toutes les énergies. Un peu d'indignation stoïque contre ce qui déplaît, un peu d'admiration platonique pour ce qui plaît, c'est tout ce dont on devient capable. Des résolutions, des actions, point... Il y a plus : Si le journal n'apporte pas de nouvelles à sensation, on trouve la vie monotone, et on s'indigne contre les gens qui ne savent pas se faire estropier ou tuer pour le plus grand plaisir des lecteurs. *Panem et circenses...*

Voilà la morale des journaux à nouvelles.

b) Ligne à suivre.

Les événements, tout ainsi que les besoins et les institutions, doivent être exposés et appréciés suivant les lois de la vie. Il s'agit de don-

ner et de favoriser la vie : c'est ce qu'il importe
de ne jamais perdre de vue.

Donc tous les faits, qui touchent en quelque
façon à la vie du peuple à qui on s'adresse,
doivent trouver place dans le journal, non pas
à la hâte, mais à temps.

Dans l'ordre matériel, les faits cosmiques de
toutes sortes : variations astronomiques, atmos-
phériques, marines et terrestres ; découvertes
géographiques, scientifiques, industrielles ; état
des récoltes, cours des marchés, date des foires,
etc. Ce sont des points sur lesquels il importe
de donner des renseignements exacts, complets
et prompts. La justesse et l'abondance des in-
formations sur ces matières est un des grands
éléments de succès.

Dans l'ordre moral, les mille faits de la vie
quotidienne, vie locale et vie publique, nouvelles de la politique et de la religion, acci-
dents et crimes (avec mesure), faits louables et
vertueux (avec discrétion), événements géné-
raux du monde entier.

On doit être au courant de tout ce qui peut
intéresser la vie, et rendre quelque service aux
populations. Pour cela il est indispensable
d'avoir le flair des événements, afin d'en saisir
l'utilité et d'en donner le sens.

c) Donner le sens des événements.

Toutes les fois qu'il est possible, taire les scandales : la chronique des crimes et délits prend pour l'ordinaire trop de place dans les journaux. Une maison qui se respecte n'affiche pas des immondices.

Quand il y a évidente nécessité d'en parler, il faut savoir en faire ressortir la leçon, en trouver les causes, en indiquer les effets pernicieux, en montrer les remèdes.

La chronique criminelle et la chronique judiciaire sont peut-être ce qu'il y a de plus difficile à bien réussir. Si on moralise à tort et à travers, on se rend ridicule ; si on se contente de narrer, on devient colporteur malsain de curiosités infectieuses.

Il y a des événements insignifiants, soit en eux-mêmes, soit pour le public spécial auquel on s'adresse. Laissez donc les riens à leur inutilité, et n'affligez pas vos lecteurs du spectacle de votre vide intellectuel. Pourquoi s'encombrer d'inutilités, alors qu'il y a tant de choses à dire et à faire ?

Il est bon de remarquer que des faits très tapageurs peuvent être fort insignifiants, et que de faits très inaperçus sont souvent singulièrement révélateurs. Heureux qui a l'œil pour voir et des principes pour comprendre !

Il y a des faits pleins d'enseignements utiles : révélant un état d'âme, indiquant une souffrance, manifestant une tendance, exprimant un besoin, incarnant un principe, démontrant une vérité, éclairant une situation sociale, déterminant une marche en avant ou produisant un arrêt, signalant un progrès acquis ou à réaliser ; pouvant servir de comparaison ou de contraste, de coup de massue à un adversaire, ou de point d'appui à une thèse, etc.

Aucun de ces faits n'échappe à celui qui sait le but, et qui veut y arriver à tout prix. Son œil toujours ouvert et toujours avide saisit au bond les incidents de la vie, en mesure vite la portée et virilement les utilise dans sa rédaction.

d) Comment on acquiert l'intelligence des événements.

La vie a les lois de son fonctionnement fixées par Dieu. Les événements sont le fait de ce fonctionnement.

L'intelligence de ces faits suppose :

1º Un œil toujours en éveil sur les mouvements journaliers de la vie sous toutes ses formes. Le journaliste doit-être comme l'astronome à sa lunette.

2º La connaissance des lois de développement de la vie. Toute vie a les lois de son mouvement. La rotation astronomique, la croissance végétale, l'action animale, l'activité humaine, tout se développe ou doit se développer suivant un plan régulier.

C'est ce plan que doit connaître l'astronome pour le calcul des faits astronomiques, l'agriculteur pour la culture de ses terres, l'éleveur pour le soin de ses animaux, le physiologiste ou le psychologue pour l'étude de l'homme, le sociologue pour l'étude de la société, etc.

Sans la connaissance des lois, les faits ne sont que de la fantasmagorie.

Toutes les fois que dans le fait vous ne saisissez pas la loi qui le régit, vos paroles ne sont plus que le verbiage d'un paysan qui parle astronomie ou d'une blanchisseuse qui discute stratégie. Quelque événement que vous me racontiez, j'aime à voir dans votre façon de vous exprimer que vous connaissez dans son fond la question que vous traitez.

Racontez-moi une fête religieuse, j'aime à y retrouver le sens liturgique ou canonique, etc.; si vous me racontez un fait d'ordre moral, social ou économique, je veux dans votre langage sentir la connaissance des principes.

4. INTELLIGENCE DE LA SITUATION.

Résumons-nous. Ce qu'il faut acquérir en somme, c'est l'intelligence de la situation présente, avec ses besoins, ses institutions et ses événements, et pour l'acquérir, étudier à fond les faits et le droit.

a) *Etude des faits.*

Non pas à la surface et en courant, mais à fond et en observateur perspicace. C'est une auscultation de l'individu et de la société.

Pour l'ausculter, il faut toucher de près le peuple, se mêler à lui, le faire parler, le voir agir, être à l'affût des mots et des choses qu'il dit : il y faut apporter une obstination de médecin.

A propos de tout et à propos de rien, savoir soulever des questions, susciter des réflexions, demander des explications; au sujet de chaque intérêt, consulter et étudier l'intéressé : le paysan pour questions agricoles, l'industriel et le commerçant pour questions industrielles ou commerciales, etc.

Ne pas craindre de se mêler aux ennemis comme aux amis, afin d'étudier les uns et les autres; car il importe d'être renseigné sur le mal comme sur le bien.

Il faut voir clair et parler juste, car les à peu près ne guérissent rien, nous en mourons.

b) Etude du droit.

Se rendre compétent et solidement compétent sur toutes les matières intéressant la vie. Pour cela étudier les maîtres en chaque partie.

Il n'est pas bon que chacun étudie toutes choses : c'est le moyen de ne rien savoir, car nul n'est universel. Que chacun étudie la matière correspondant à ses aptitudes, et qu'il devienne fort dans sa partie.

Étudier les questions de droit, jusqu'à pouvoir les exposer dans une simplicité assez lumineuse pour les mettre à la portée du peuple, ce qui est le plus difficile. Ce que l'on demande au journal, c'est moins de l'érudition scientifique que de la substance populaire.

Il faut nourrir le peuple, nourrir sa vie : c'est pourquoi il faut lui donner de la substance, beaucoup de substance.

Mais cette substance a besoin d'être préparée, apprêtée et mise dans la forme où l'estomac populaire pourra la digérer : c'est pourquoi il faut s'occuper de la forme.

B. — *LA FORME.*

La forme importe grandement à la substance : le meilleur aliment mal préparé ne vaut rien. Les esprits sont fort malades, il n'est pas hors de propos de soigner un peu la cuisine. La cuisine du journal demande à n'avoir pas de sermon, peu de polémique, assez de simplicité, beaucoup d'entrain.

1º PAS DE SERMON.

Il faut des principes et partout des principes. Mais les principes doivent être dans le journal comme l'âme dans le corps : mettre la vie partout et ne s'afficher nulle part.

Ce n'est souvent pas ce que vous annoncez et que vous énoncez qui s'insinue dans l'esprit, c'est plutôt ce qui se cache sous les mots et derrière le récit. A condition que vous y cachiez quelque chose !

Le bon journal comme le bon livre est celui qui donne beaucoup à réfléchir, laisse beaucoup à deviner, fait beaucoup penser, excite à chercher, ouvre des horizons, donne au lecteur le plaisir de trouver par lui-même. Comme on distingue vite entre l'homme qui a de l'idée et celui qui court après des tronçons d'idées qu'il ne possède pas !

Quand l'idée déborde le mot, vous m'intéressez ; mais quand le mot est plus gros que l'idée, au bout de dix lignes je suis dégoûté. Faire penser les autres vaut mieux que de penser pour eux, et les faire conclure est plus efficace que de conclure contre eux.

Éviter le ton récriminatif et pédagogue, et réserver pour les grands coups les attaques de front contre les défauts des personnes ou des institutions.

Tout ce qui est droit va à Dieu. Il suffit donc de savoir redresser la nature, sans qu'il soit nécessaire de terminer par la vie éternelle chaque fois, comme dans les sermons.

Promouvoir d'abord les intérêts qui tiennent plus au cœur, afin d'ouvrir ensuite le cœur aux intérêts supérieurs.

Ne rester étranger à rien de ce qui est humain : *nihil humani a me alienum puto.*

Grande discrétion et délicatesse pour toucher les plaies, redresser les torts, louer les qualités, glorifier le mérite, et surtout pour toucher la fibre individuelle, familiale, locale, patriotique ou religieuse. Tout cela doit être fait non pour blesser ou flatter, mais pour conduire au but que l'on a par devers soi et que l'on ne

perd jamais de vue, quand même on n'en parle
pas.

2⁰ PEU DE POLÉMIQUE.

La manie de la polémique est la maladie des
cervelles vides : celui qui n'a rien cherche toujours chicane à ses voisins.

C'est encore l'irrésistible démangeaison de
ceux qui ne sont pas dans le vrai.

Le doute et l'erreur sont querelleurs par
nature, la vérité est paisible dans la claire et
calme affirmation d'elle-même. Plus l'homme
a de vérité, plus il a de calme.

Il y a une polémique à éviter et il y en a
une à subir.

A. — Polémique à éviter.

1⁰ La polémique de personnalités, qui dé-
génère en chicanes. On ne doit attaquer et
défendre les personnes qu'en vue des principes. La meilleure réponse aux injures et aux
sottises est le mépris.

Il ne faut jamais céder à une idée de ven-
geance rancunière : ce serait une mesquinerie
méprisable. L'aigreur et l'emportement sont le
signe des petites âmes et des mauvaises causes.

2⁰ La polémique entre catholiques.

Elle ne sert qu'à diviser, et il y a déjà tant de divisions.

Pourquoi ne pas chercher les points d'union ? il y en a tant ! Affirmons nos principes communs et ne soyons pas toujours à chicaner sur ceux des autres. Très spécialement à l'heure présente les questions politiques et sociales sont un terrain brûlant, où la chicane se donne, hélas ! trop libre carrière, et c'est une chose à pleurer avec des larmes de sang. Que cette division est cruelle et sotte en face de nos ennemis ! L'union ! l'union ! qui nous donnera l'union ?

Pour la faire, habituons-nous donc en matière politique à réserver nos *principes* sur la forme constitutionnelle, à accepter le *fait*, et à concentrer nos efforts sur le terrain religieux. Je ne comprends pas comment un homme, qui a la conviction de posséder dans le principe monarchique ou dans le principe républicain un parfum de vitalité sociale, peut se résoudre à le briser dans des luttes meurtrières. Car les hommes et les principes en reviennent toujours brisés et amoindris. Donc pas de polémique sur ce terrain.

En matière sociale, il serait si facile et en même temps si efficace de promouvoir les réformes désirées, en favorisant l'entente entre les différents degrés de la hiérarchie sociale, et en évitant ce qui peut sentir la lutte des classes! La société est essentiellement constituée par l'organisation hiérarchique et normale de ses divers éléments ; ce n'est pas la division qui la reconstituera.

L'affirmation est lumineuse, et la discussion trouble.

3o Éviter la polémique directe et systématique.

Déplorable système qui :

a) Fait trop d'honneur à l'adversaire, en prenant au sérieux ses insanités. C'est leur attribuer une valeur qu'elles n'ont pas, et leur faire une réclame qu'elles ne méritent pas.

b) Qui ennuie les lecteurs. Les chicanes n'intéressent que les chicaneurs et les sottises que les sots. C'est un jeu qui fatigue les hommes de bon sens. Quel besoin ont vos lecteurs d'apprendre les sottises d'un journal qu'ils ne lisent pas ?

c) Qui affaiblit le journaliste. L'adversaire vous fait à son gré sortir de votre ligne de conduite, vous traîne à travers des bagatelles, vous fatigue en mille détours inutiles, vous empêche de penser ; vous devenez en réalité son jouet, et il en rit !.. Il sait que la première sottise, qui lui passera par la tête, va vous faire mettre flamberge au vent et dépenser votre temps contre des moulins à vent dans une guerre à la dom Quichotte.

B. — Polémique à subir.

Le bon chien aboie peu et il sait donner à temps le bon coup de dent.

Il ne faut ni tant crier, ni tant se presser en polémique. Il est sage de voir venir l'adversaire, de le mettre en fausse position, de le faire s'enferrer lui-même et de l'exécuter en un seul coup de massue.

L'adversaire de bonne foi mérite des égards; celui de mauvaise foi ne mérite que d'être écrasé avec ses faussetés.

La meilleure arme, c'est le ridicule. Quelques boutades, plaisanteries, coups de fouet ou coups de pieds, et on passe. Il n'est pas bon de répéter les coups, ils perdent de leur valeur. Quand il est besoin de s'y reprendre à tant de fois, c'est preuve qu'on ne sait pas frapper. Parlez-moi de la piqûre d'épingle qui crève le ballon, du coup de talon qui écrase la citrouille, de la torpille qui fait sauter le cuirassé. Ne vous donnez pas le ridicule de faire feu de toutes pièces contre une bulle de savon. Mesurez la poudre à la qualité de l'animal, saisissez le bon moment et visez juste.

3º ASSEZ DE SIMPLICITÉ.

Parlez un langage à la portée de ceux à qui vous vous adressez. Mettez au niveau des intelligences populaires les questions de droit, de science, de religion, d'administration, etc.

Le bon sens populaire parle avec une concision si concrète, une simplicité si claire, une exactitude si imagée, une verve si naturelle ! Voilà des qualités qu'il faut savoir lui emprunter, en élaguant toutefois la trivialité grossière, à laquelle il sacrifie trop, et à laquelle il ne faut jamais succomber.

Plus le style prend l'aisance de la conversation courante, plus il plaît. Le peuple a sa rhétorique à lui, et cette rhétorique a beaucoup de bon.

Il est indispensable d'apprendre les termes du métier. Le pêcheur et le paysan, le commerçant et l'ouvrier, etc., ont des mots caractéristiques dans leur partie. Ils sont flattés de les retrouver dans leur journal.

Ne pas craindre de faire des emprunts, judicieux toutefois et sobres, au patois ou au jargon.

Il faut se résigner aussi à aller lentement, à prendre le pas de ceux que l'on veut conduire, à ne leur demander que ce qu'ils peuvent donner et à ne leur donner que ce qu'ils peuvent recevoir.

A vouloir aller trop vite, on brise et on se brise. C'est chose élémentaire que de proportionner la nourriture à l'estomac.

4° BEAUCOUP D'ENTRAIN.

Si vous voulez donner de la vie, ayez-en. Que votre plume sache être vibrante dans la défense de certains intérêts vitaux, alerte dans les récits, gaie dans la plaisanterie, mordante dans la polémique, tendre et douce dans la souffrance, émue dans les grandes impressions, énergique dans la menace, etc. Je n'aime pas les robinets d'eau tiède.

La cuisine d'un journal demande énormément de grains de bon sens et de sel gaulois. Mettez-y des chansons, des romans, des fables, des apologues, des contes, de la prose, de la poésie, etc.; tout est bon, pourvu que, en demeurant digne, vous entraîniez votre monde du bon côté.

Pas d'opium : je ne prends pas mon journal pour m'endormir. Pas de tambours : je déteste les tirades sentimentales et les phrases creuses. Pas de bazar : les surcharges et les longueurs m'écrasent. Pas de serinette : je n'aime pas à

être traité en imbécile par des redites fasti-
dieuses.

Un des éléments qui sert à donner le plus
d'intérêt et d'animation au journal, c'est le
feuilleton ; un mot à ce sujet.

Le feuilleton.

Le feuilleton joue un grand rôle dans le
journal actuel ; il est à la mode et on est obligé
d'en servir.

Rien n'est navrant comme le vide intellectuel et moral de nos romans prétendus catholiques. Les mauvais romans ont trop souvent
une thèse, et ils soulèvent toutes les passions
en faveur de leur thèse. Le but de nos roman-
ciers soi-disant catholiques ne paraît pas devoir
s'élever au-dessus de la conception d'un amu-
sement honnête.

Le journal n'aura donc guère le choix qu'entre les moins mauvais, et il sera forcé de servir,
comme tant d'autres, des banalités émouvantes.
Si du moins il pouvait susciter quelque auteur,
qui sût mettre les ressources passionnées du
roman au service de quelques-unes des cent
thèses, dont la nécessité s'impose à la reconsti-
tution de notre société !

Que de thèses à établir en effet sur le mariage, la famille, l'éducation, l'organisation ouvrière, religieuse, administrative, etc., etc. ! Pourquoi ne pas utiliser les charmes du roman dans ce sens? On y viendra peut-être.

***

II.

ADMINISTRATION.

La rédaction, qui est l'âme, a besoin d'un corps, qui est l'administration. Les plus belles ressources, si elles ne sont organisées, se gaspillent sans résultat.

L'administration comprend trois parties : l'organisation intellectuelle du journal, l'organisation morale des hommes, l'organisation matérielle de la caisse. Chacune demande au moins un homme spécial, et ce sont ces trois hommes qui assureront la vie du journal.

A. — ADMINISTRATION INTELLECTUELLE DU JOURNAL.

J'entends par là l'agencement et la confection du journal, la mise en œuvre et en ordre des matériaux fournis par la rédaction.

S'il y a deux éditions, l'une du dimanche et populaire, l'autre de la semaine et d'une portée un peu plus élevée, s'il y a ces deux éditions, quelles matières conviennent à l'une, et lesquelles conviennent à l'autre ?

Ensuite quels articles insérer ? dans quel ordre ? dans quelle mesure ? à quel moment ? Qu'est-ce qui est prudent, utile, opportun, possible ? Comment éviter les contraventions légales, les froissements de personnes, les écarts de principes, etc. ? Questions importantes pour un bon fonctionnement.

Un homme devra être chargé de cette fonction : il sera proprement le directeur du journal.

Le Directeur du journal.

Il ne devra avoir que très peu ou de très petits articles à faire, mais il lui appartiendra surtout de suggérer les sujets à traiter, de centraliser les travaux, d'organiser les matériaux qui lui seront fournis et d'en composer son journal.

Il sera nécessairement juge de ce qui doit être inséré, de ce qui doit être supprimé, de ce qui doit être modifié.

Il devra connaître à fond la ligne de conduite du journal et se pénétrer de son esprit, afin de ne pas verser à droite ou à gauche, d'éviter les excès et la banalité, d'écarter les causes de froissements, surtout en matière d'opinions libres. Dans les circonstances actuelles, il aura besoin de beaucoup d'intelligence, de délicatesse et surtout de droiture.

Il lui appartiendra aussi de constituer et d'administrer la bibliothèque commune, indispensable au bon fonctionnement du journal : livres à acheter, revues à recevoir, etc.; organiser au besoin un cabinet de lecture, etc.

Peut-être serait-ce demander beaucoup à un seul homme, que de faire reposer sur ses seules épaules une charge si considérable ; si plusieurs s'entendent pour la partager sous la direction d'un seul, ce serait sans doute plus sûr et plus efficace, dans les débuts surtout. Trois ou quatre hommes, délégués par le comité actif de rédaction et ses représentants, seraient plus à même d'établir l'esprit, d'assurer la marche, et de former au besoin un homme.

B. — ADMINISTRATION MORALE DES HOMMES.

C'est ici par excellence le point vital de l œuvre ; c'est par là que le journal arrivera à faire œuvre de vie, ou qu'il se traînera dans une langueur stérile.

L'idée principale de l'œuvre à créer ne doit pas être la fondation d'un journal ; ce doit être « la concentration et l'organisation de toutes les forces vives intellectuelles du catholicisme dans l'arrondissement ». Le journal ne doit et ne peut être que l'organe et le lien de ce groupement.

Dans les rangs du clergé, de la noblesse, de la bourgeoisie et même du peuple, combien d'intelligences qui, abandonnées à elles-mêmes, ne savent pas et ne voient pas ce qu'il y a à faire ! Combien qui isolées sont impuissantes ! Combien qui inoccupées s'ignorent elles-mêmes ! On se plaint du manque d'hommes : ce sont les principes et l'organisation qui font les hommes.

L'œuvre importante, c'est de saisir les esprits inquiets, incertains, de leur montrer le travail pratique à faire, de leur assigner leur part, de leur indiquer la ligne à suivre.

C'est de grouper tant de forces isolées, de leur donner le moyen de s'utiliser, de les encourager et de les fortifier par cette cohésion du travail en commun. C'est enfin de susciter certains talents qui s'enfouissent dans l'inutilité, parce qu'ils doutent d'eux-mêmes et de la société.

Un homme ici sera nécessaire, un homme

qui sera l'organisateur des hommes : fonction importante et délicate, s'il en fût.

L'Organisateur.

Ce rôle demande un homme de dévouement, d'intuition, de prudence et d'abnégation.

De dévouement. Il sera appelé à faire à temps et à contre-temps des lettres et des visites, des demandes et des démarches de toutes sortes. Il devra s'acharner à la poursuite des intelligences capables de travailler ; chercher, susciter, amener, maintenir, fortifier, enthousiasmer même les bonnes volontés ; s'adresser aux anciens et aux jeunes, aux ecclésiastiques et aux laïques, et ne pas se lasser jusqu'à ce qu'il puisse se rendre le témoignage qu'il a groupé tout ce qu'il y a dans la contrée de ressources intellectuelles, et qu'il en a obtenu ce qu'elles sont capables de donner.

Il se suscitera naturellement des collaborateurs qui, animés de son esprit, travailleront avec lui à augmenter la cohésion des volontés et des intelligences au service du bien.

D'intuition. Son plus grand talent doit être de dénicher les talents, de deviner les hommes, afin de savoir demander à chacun ce qui est le mieux selon ses goûts et ses aptitudes. Quels services on peut rendre, aux jeunes surtout, en leur révélant leur voie !

De prudence. Car il faut savoir saisir le moment et la manière d'aborder une intelligence, ne blesser et n'écarter personne, calmer les irritations ou les froissements survenus, remédier aux découragements ou aux insuccès, dissiper les malentendus, ne pas frapper aux portes nuisibles.

D'abnégation. Car il rencontrera de tout : des refus et des reproches, des froideurs et des affronts, des insouciances et des défections, des inimitiés et des trahisons, etc.

Rien ne doit le décourager ; toutes ces misères sont la plus riche monnaie des œuvres catholiques, qui ne prospèrent que par là.

Le Comité actif.

Les intelligences décidées à travailler devront être groupées en comité.

Il ne peut et il ne doit y entrer que les hommes qui s'engagent formellement et sur l'honneur à étudier un sujet déterminé, à s'y rendre solidement compétents, et à le traiter dans le journal. Il va sans dire que plusieurs peuvent entreprendre l'étude des mêmes matières.

Les hommes qui ne pourront ou ne voudront prêter que le concours de leur bourse ou de leur bienveillance, constitueront un comité d'honneur et de patronage, distinct du comité actif ; car celui-ci ne comprend que les travailleurs.

Le règlement intérieur du comité devra s'élaborer lentement. L'usage dira les groupements à constituer, les réunions à faire, les relations à établir, les engagements particuliers à contracter, etc., etc. Les règlements tout faits à priori sont mort-nés.

Ce comité devra nous former des hommes : des hommes de plume, de parole et d'action.

Forcés de se mêler à la population pour l'étudier dans les conditions de sa vie, ils deviendront des hommes d'expérience et de coup d'œil.

Forcés d'étudier les questions vitales dans leurs principes, ils deviendront des hommes de doctrine. Ainsi nous pourrons avoir des écrivains, des conférenciers et des représentants pour les charges publiques. Ce doit être là l'objectif principal de l'organisation à créer.

C. — ADMINISTRATION MATÉRIELLE DE LA CAISSE.

C'est le chapitre auquel appartiennent toutes

les questions pécuniaires ; par conséquent ce qui concerne les abonnements, vente au numéro, annonces, réclames, impression, etc.

Différents règlements seront encore nécessaires pour assurer l'ordre, l'économie et l'équilibre du budget. L'usage dira aussi les mesures spéciales à prendre sous ce rapport.

Les annonces.

Un mot des annonces. Qu'on se garde pardessus tout de prostituer les annonces à une question de caisse, afin de ne pas tomber dans la juiverie. Le journal doit être chrétien jusque dans ses annonces.

Entre les mains d'un journaliste intelligent, les annonces peuvent prendre une importance considérable. Il faut viser en effet à établir l'union des fournisseurs et consommateurs chrétiens, et les annonces du journal doivent devenir exclusivement l'organe de cette union. C'est pourquoi il faut prendre tous les moyens pour que les annonces méritent une confiance absolue. Qu'elles soient le meilleur bureau de renseignements de la région. Ce doit être un tableau d'honneur pour ceux qui y sont admis. Alors elles seront une puissance.

Le Caissier.

Tenir les comptes, s'occuper des abonnements, s'assurer des renseignements précis pour l'organisation des annonces, s'occuper de la création d'une union chrétienne des producteurs et consommateurs, intéresser les âmes généreuses aux dépenses nécessaires de l'œuvre, etc., voilà de quoi occuper un homme d'action.

APPEL

Et maintenant ne se trouvera-t-il pas des hommes de cœur pour apporter leur concours à une œuvre si nécessaire, leur pierre à un édifice que tout réclame de nous? Qui donc se sentant un peu d'esprit, et quelque désir du bien, oserait demeurer indifférent ou hésitant? A l'œuvre donc, il y a place pour tous les dévouements. C'est la grande œuvre : c'est celle du présent et c'est celle de l'avenir. La parole est au journal, et l'œuvre chrétienne se fera par le journal chrétien.

Quelques-uns peut-être trouveront que l'idéal, esquissé ici à grands traits, est trop relevé pour être pratique. Mon Dieu! ceux qui tiennent à grouiller n'ont pas besoin d'idéal ; mais il en faut un à ceux qui veulent monter, et pour celui qui veut monter, l'idéal n'est jamais trop parfait. Jésus-Christ a dit : Soyez parfaits comme Dieu. Voilà l'idéal chrétien.

Quand on s'est fixé un idéal, on regarde à quelle distance on en est, et on fait ce qui est possible et pratique pour l'atteindre. L'idéal délivre de la banalité, des hésitations et des écarts ; il fixe la marche, active le mouvement et unit les efforts ; il donne la lumière et la force, il fait la vie. Ceux qui le comprendront sauveront leur pays. Il est temps d'y penser.

Imp. N.-D. des Prés. — Ern. DUQUAT, Directeur.
Montreuil-sur-Mer (Pas-de-Calais).

www.ingramcontent.com/pod-product-compliance
Ingram Content Group UK Ltd.
Pitfield, Milton Keynes, MK11 3LW, UK
UKHW021125140726
13695UKWH00004B/1712